U0863030

山东省地方标准

沥青路面乳化沥青厂拌冷再生技术规范

Technical specification for cold in-plant recycling by emulsified asphalt in asphalt pavement

DB 37/T 3566—2019

主编单位：山东省交通科学研究院
参编单位：山东高速股份有限公司
山东东泰工程咨询有限公司
烟台市招远公路管理局
批准部门：山东省市场监督管理局
实施日期：2019 年 06 月 29 日

人民交通出版社股份有限公司

图书在版编目(CIP)数据

沥青路面乳化沥青厂拌冷再生技术规范 / 山东省交通科学研究院主编. — 北京 : 人民交通出版社股份有限公司,2019.11

ISBN 978-7-114-15932-9

Ⅰ. ①沥… Ⅱ. ①山… Ⅲ. ①乳化沥青—沥青路面—再生路面—路面施工—研究 Ⅳ. ①U416.217

中国版本图书馆 CIP 数据核字(2019)第 241016 号

书　　名: 沥青路面乳化沥青厂拌冷再生技术规范
著 作 者: 山东省交通科学研究院
责任编辑: 黎小东　周佳楠
责任校对: 赵媛媛
责任印制: 张　凯
出版发行: 人民交通出版社股份有限公司
地　　址: (100011)北京市朝阳区安定门外外馆斜街 3 号
网　　址: http://www.ccpress.com.cn
销售电话: (010)59757973
总 经 销: 人民交通出版社股份有限公司发行部
经　　销: 各地新华书店
印　　刷: 北京市密东印刷有限公司
开　　本: 880 × 1230　1/16
印　　张: 1.75
字　　数: 48 千
版　　次: 2019 年 11 月　第 1 版
印　　次: 2019 年 11 月　第 1 次印刷
书　　号: ISBN 978-7-114-15932-9
定　　价: 30.00 元

目　次

前　　言

本标准按照 GB/T 1.1—2009 给出的规则起草。

本标准由山东省交通运输厅提出并监督实施。

本标准由山东省交通运输标准化技术委员会归口。

本标准由山东省交通科学研究院负责起草，山东高速股份有限公司、山东东泰工程咨询有限公司、烟台市招远公路管理局参加起草。

本标准主要起草人：马士杰、吕思忠、苏建明、董昭、杨伟刚、樊亮、章清涛、韦金城、牛健、阎同明、付建村、王宝永、姚爱超、崔世萍、赵宁、孙强、苏春华、胡家波、梁冰、杨飞、王玉军、王功臣、柳久伟、余四新、孙兆云、王娜。

沥青路面乳化沥青厂拌冷再生技术规范

1 范围

为规范山东省沥青路面乳化沥青厂拌冷再生混合料的设计、施工、质量管理与验收,保证工程质量,制定本规范。

本规范规定了沥青路面乳化沥青厂拌冷再生技术的术语和定义、材料要求、混合料设计和性能要求、冷再生施工准备、冷再生混合料施工、施工质量管理和检查验收。

本规范适用于公路、城市道路沥青路面乳化沥青厂拌冷再生。

沥青路面乳化沥青厂拌冷再生应用,除应符合本标准规定外,尚应符合国家、行业颁布的其他标准、规范的规定。

2 规范性引用文件

下列文件对于本文件的应用是必不可少的。凡是注日期的引用文件,仅注日期的版本适用于本文件。凡是不注日期的引用文件,其最新版本(包括所有的修改单)适用于本文件。

JTG D50 公路沥青路面设计规范

JTG E20 公路工程沥青及沥青混合料试验规程

JTG E42 公路工程集料试验规程

JTG E60 公路路基路面现场测试规程

JTG/T F20 公路路面基层施工技术细则

JTG F40 公路沥青路面施工技术规范

JTG F41 公路沥青路面再生技术规范

JTG F80/1 公路工程质量检验评定标准 第一册 土建工程

3 术语和定义

下列术语和定义适用于本文件。

3.1

沥青路面回收料 reclaimed asphalt pavement(RAP)

经铣刨或挖除沥青路面所得的回收材料运至拌和厂(场、站),经破碎、筛分后的路面材料,统称为沥青路面回收料(RAP)。

3.2

乳化沥青厂拌冷再生 central plant cold recycling by emulsified asphalt

将沥青路面回收料(RAP)以一定的比例与新集料、乳化沥青、矿粉、水泥、水等进行常温拌和,常温铺筑形成路面结构层的沥青路面再生技术。

3.3

沥青路面回收料(RAP)级配 graduation of RAP

将风干或烘干至恒重的沥青路面回收料(RAP)进行筛分试验测得的级配,分为干筛级配和湿筛级配。

3.4

最佳液体含量　optimum liquid content(OLC)

在最佳乳化沥青掺量和最佳外加水量条件下,乳化沥青质量、外加水、RAP 中的水、新集料和矿粉中的水共同占烘干 RAP、烘干新集料、烘干矿粉总质量的百分比。

3.5

最佳乳化沥青掺量　optimum emulsion content(OEC)

在混合料的体积性能、力学性能、经济性能等综合达到最佳时,混合料中乳化沥青的质量与烘干 RAP、烘干新集料、烘干矿粉总质量的百分比。

3.6

最佳含水率　optimum water content(OWC)

固定乳化沥青用量,在混合料的最佳液体含量条件下,混合料中水的质量与烘干 RAP、烘干新集料、烘干矿粉总质量的百分比。

3.7

水泥含量　cement content

水泥占烘干 RAP、烘干新集料、烘干矿粉总质量的百分比。

3.8

接缝界面黏结剂　seam interface bonder

将冷再生混合料与其他已修筑完成路面结构层在纵向和横向拼接时黏结为一个整体的材料。

4　符号

下列符号适用于本文件。

RAP——沥青路面回收料;

TSR——冻融劈裂强度比;

ITSR——干湿劈裂强度比;

OWC——最佳含水率;

OEC——最佳乳化沥青掺量;

OLC——最佳液体含量;

γ_t——最大理论相对密度;

γ_f——毛体积相对密度。

5　材料要求

5.1　一般规定

5.1.1　原材料进场应提供厂家出示的合格证或质量检测证书。

5.1.2　使用的原材料运至现场后应进行质量检验,经评定合格后方可使用,不得以供应商提供的检测报告或商检报告代替现场试验。

5.1.3　不同料源、规格的 RAP 应分开堆放。不同料源、品种、规格的新集料不得混杂堆放。

5.1.4　RAP、新集料应堆放在预先经过硬化处理且排水通畅的地面上。RAP 应堆放在料棚中或进行防水遮盖。

5.1.5　RAP 不得分层堆放,堆放高度不超过 3m。

5.1.6　不应使用快硬水泥、早强水泥。水泥应疏松、干燥。

5.2 沥青路面回收料(RAP)

5.2.1 获取RAP前,应将道路的标线提前铣刨并清扫干净。

5.2.2 RAP获取方式主要有铣刨和挖除,RAP应进行破碎筛分后方可使用。

5.2.3 RAP检测项目与质量要求见表1。

表1 RAP检测项目与质量要求

材料	检测项目	技术要求	试验方法
RAP	含水率(%)	<3	T 0305
	各档RAP级配	实测	T 0327
	半刚性基层材料混入率(%)	<2	—
	沥青含量(%)	≥2.5	T 0722
	砂当量(%)	>60	T 0334
回收沥青	针入度(25℃)	实测	T 0604
	动力黏度(60℃)	需要时	T 0620
	延度(25℃)	需要时	T 0605
	软化点	需要时	T 0606

注1:RAP含水率的要求以在RAP使用前测定为准;砂当量检测以RAP抽提前的结果为准。
注2:RAP沥青含量以筛分前混合料中的沥青含量为准。

5.3 道路石油沥青

5.3.1 冷再生用乳化沥青的基质沥青宜选择道路石油沥青70号A级或90号A级,其技术要求应符合JTG F40的规定。

5.3.2 针对选用的乳化剂,道路石油沥青应具有良好的乳化效果。

5.4 乳化沥青

5.4.1 冷再生用乳化沥青应采用慢裂拌和型阳离子乳化沥青。

5.4.2 冷再生层应用于道路基层或重交通以下道路下面层时,宜采用普通乳化沥青,其性能应满足表2的质量要求。

表2 普通乳化沥青质量要求

检测项目		技术要求	试验方法
破乳速率		慢裂	T 0658
电荷		阳离子(+)	T 0653
筛上剩余量(1.18mm)(%)		≤0.1	T 0652
标准黏度 $C_{25,3}$(s)		10~60	T 0621
蒸发残留物	残留物含量(%)	≥62	T 0651
	针入度(25℃)(1/10mm)	50~150	T 0604
	软化点(℃)	≥44	T 0606
	延度(15℃)(cm)	≥40	T 0605
	溶解度(三氯乙烯)(%)	≥97.5	T 0607
与粗集料的裹覆性,裹覆面积		≥4/5	T 0654
与粗、细粒式集料拌和试验		均匀	T 0659

表2 普通乳化沥青质量要求(续)

检测项目		技术要求	试验方法
常温储存稳定性	1d(%)	≤1	T 0655
	5d(%)	≤5	

5.4.3 冷再生层应用于重交通及重交通以上道路下面层时,应采用改性乳化沥青,其性能应满足表3的质量要求。

表3 改性乳化沥青质量要求

检测项目		技术要求	试验方法
破乳速率		慢裂	T 0658
电荷		阳离子(+)	T 0653
筛上剩余量(1.18mm)(%)		≤0.1	T 0652
标准黏度 $C_{25,3}$(s)		10~100	T 0621
蒸发残留物	残留物含量(%)	≥60	T 0651
	针入度(25℃)(1/10mm)	50~150	T 0604
	软化点(℃)	≥50	T 0606
	延度(5℃)(cm)	≥20	T 0605
	溶解度(三氯乙烯)(%)	≥97.5	T 0607
与粗集料的裹覆性,裹覆面积		≥4/5	T 0654
与粗、细粒式集料拌和试验		均匀	T 0659
常温储存稳定性	1d(%)	≤1	T 0655
	5d(%)	≤5	

5.4.4 乳化沥青中沥青颗粒最大粒径不超过15μm,乳化沥青中沥青颗粒粒径小于10μm的含量大于90%。乳化沥青中沥青颗粒分布曲线应接近正态分布,不得出现双峰或多峰分布。

5.4.5 乳化沥青在混合料中的工作时间不小于2h。

5.4.6 乳化沥青应常温储存,储存时应保持适当搅拌,搅拌转数不宜超过每分钟30转。储存期以不离析、不冻结、不破乳为度。

5.4.7 乳化沥青应在常温下使用,使用时乳化沥青温度不宜高于60℃。

5.5 粗集料

5.5.1 粗集料应洁净、干燥、表面粗糙,并符合JTG F40的质量要求。

5.5.2 粗集料宜采用石灰岩,若采用其他岩性集料需进行试验确定。

5.6 细集料

细集料应洁净、干燥、无风化、无杂质,并符合JTG F40的质量要求。

5.7 水泥

5.7.1 水泥不应使用快硬水泥、早强水泥。水泥强度等级宜选择32.5或42.5级。

5.7.2 水泥的细度、初凝时间、终凝时间应满足表4的要求。

表4　水泥材料检测项目

指　　标	技术要求	试验方法
细度(80μm)(%)	≤10	T 0502
初凝时间(h)	≥3	T 0505
终凝时间(h)	≤10	T 0505

5.8　矿粉

应采用石灰岩等碱性石料经磨细后得到的矿粉。矿粉应干燥、洁净，质量要求满足 JTG F40 的规定。

5.9　水

拌和用水宜符合饮用水标准；若采用其他水源，需要试验确定。

6　混合料设计和性能要求

6.1　一般规定

6.1.1　根据冷再生结构需求确定混合料的级配和性能要求，乳化沥青厂拌冷再生基层沥青路面结构设计要求参见附录 A。

6.1.2　在对料源充分调查基础上，选用符合要求的材料，进行混合料设计。

6.1.3　冷再生混合料以 RAP 级配与新集料的合成级配作为级配设计依据。

6.1.4　所有的原材料应具有代表性。RAP 应在代表性路段上取样，并在后场进行破碎筛分处理，从筛分后料堆上选取；水泥应为符合要求的待用产品；水应与施工的水源相同。通常一次混合料设计所需的混合物总量应不少于 500kg，并应一次备齐。

6.1.5　冷再生混合料设计推荐采用旋转压实成型方法，也可采用大马歇尔设计方法。大马歇尔设计方法参见 JTG F41。

6.1.6　冷再生混合料设计应通过试验路检验，检验合格的配合比不得随意变更。

6.2　混合料性能要求

6.2.1　冷再生混合料技术要求应符合表 5 的规定，并应具有良好的施工性能。

表5　乳化沥青厂拌冷再生混合料技术要求

<table>
<tr><th colspan="2">试验项目</th><th colspan="4">技术要求</th></tr>
<tr><td colspan="2">空隙率(%)</td><td colspan="4">8～12</td></tr>
<tr><td rowspan="7">劈裂试验</td><td rowspan="3">劈裂强度(MPa)，不小于</td><td>层位</td><td>特重及特重以上交通</td><td>重交通</td><td>其他等级</td></tr>
<tr><td>下面层</td><td>0.60</td><td>0.55</td><td>0.50</td></tr>
<tr><td>基层</td><td>0.55</td><td>0.5</td><td>0.45</td></tr>
<tr><td rowspan="2">干湿劈裂强度比(%)，不小于</td><td>下面层</td><td>80</td><td>80</td><td>75</td></tr>
<tr><td>基层</td><td>80</td><td>75</td><td>75</td></tr>
<tr><td rowspan="2">冻融劈裂强度比 TSR(%)，不小于</td><td>下面层</td><td>75</td><td>75</td><td>70</td></tr>
<tr><td>基层</td><td>75</td><td>70</td><td>70</td></tr>
</table>

表5　乳化沥青厂拌冷再生混合料技术要求(续)

试验项目	技术要求			
动稳定度(车辙)(次/mm),不小于	下面层	3000	3000	1500
	基层	1500	1500	1500
低温弯曲试验破坏应变(−10℃)(με),不小于	下面层	1500	1500	—
	基层	—	—	—
冷再生混合料工作时间40℃(h),不小于	2			

注1:劈裂强度试件为直径150mm的旋转压实试件或大马歇尔试件,劈裂试验方法参见附录B。
注2:动稳定度试验方法参见附录C。

6.2.2　混合料中,乳化沥青添加量折算成纯沥青后占混合料其余部分干质量的百分比一般为1.8%～3.0%,水泥含量不应超过1.5%。

6.3　乳化沥青厂拌冷再生混合料设计

6.3.1　冷再生混合料设计级配范围应满足表6的要求。

表6　乳化沥青厂拌冷再生工程设计级配

筛孔尺寸(mm)	各筛孔的通过率(%)		
	粗粒式	中粒式	细粒式
31.5	100	—	—
26.5	90～100	100	—
19.0	75～95	90～100	100
13.2	60～80	75～90	90～100
9.5	40～70	60～80	60～80
4.75	25～60	35～65	45～75
2.36	15～45	20～50	25～55
0.3	3～20	3～21	6～25
0.075	1～7	2～8	2～9

6.3.2　冷再生混合料用于重交通及重交通以上道路下面层时,宜采用中粒式级配。

6.3.3　材料选择与准备要求如下:

a)　配合比设计的原材料应按照相关规定,从工程实际使用的材料中选取有代表性的样品;

b)　配合比设计所用材料,其质量应满足本规范的技术要求。当单一规格的集料某项指标不合格,但不同粒径规格的材料按照级配组成集料,混合料指标能符合本规范要求时,允许使用该集料。

6.3.4　冷再生混合料配合比设计要求如下:

a)　配合比设计流程图如图1所示;

b)　冷再生混合料配合比设计方法参见附录C。

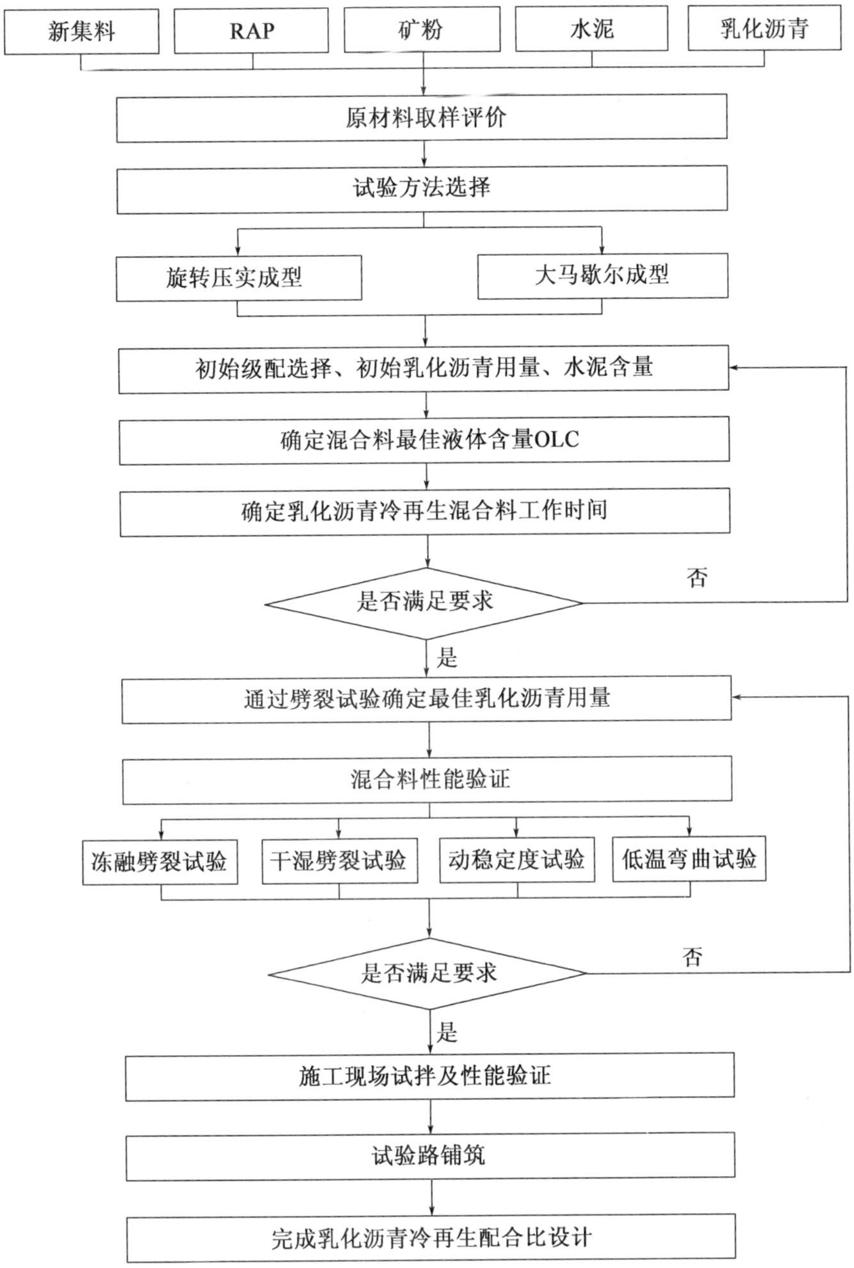

图 1　配合比设计流程图

7　冷再生施工准备

7.1　一般规定

7.1.1　对冷再生混合料施工前的材料、机械、施工方案、试验路进行相应的施工准备。

7.1.2　冷再生混合料生产和施工工艺复杂，应按照要求将所有资源配置到位，各个施工环节相匹配。

7.2　材料准备

7.2.1　RAP 应按照要求筛分为 2 档或 2 档以上。RAP 应采用大型振动筛筛分。

7.2.2　所有材料应完成施工前检验。

7.3 机械准备

7.3.1 冷再生施工设备主要有:RAP 破碎筛分设备、拌和设备、运输车辆、摊铺设备及碾压设备,并配置相应的辅助设备。

7.3.2 冷再生混合料拌和设备使用前应进行调试,标定计量系统,主要系统的计量设备应满足表 7 的计量精度要求。

表 7 各计量系统精度要求

系 统 名 称	精度要求(%)
乳化沥青计量系统	0.5
水计量系统	1.0
矿粉计量系统	1.0
水泥计量系统	1.0

7.3.3 冷再生应按照要求将设备配置到位,拌和设备的生产能力应与摊铺设备生产能力相匹配。

7.3.4 冷再生混合料拌和应采用具有二级拌和功能且能满足拌和要求的连续式拌和设备或具备乳化沥青冷再生生产功能的间歇式拌和设备。

7.4 施工方案

7.4.1 冷再生施工前,应有完备的施工方案,并经监理工程师审批通过。

7.4.2 冷再生施工前,应由具有相关检测资质的机构完成冷再生混合料的配合比报告,并经相关监理部门审批。

8 冷再生混合料施工

8.1 一般规定

8.1.1 冷再生混合料应避免雨天施工。

8.1.2 冷再生混合料摊铺前下承层应保持湿润,但不应有积水。为了增加冷再生层与下承层间的黏结效果,宜采用专用黏结层。

8.1.3 冷再生混合料宜在较高的温度条件下施工,并不应在气温或下承层表面温度低于 10℃时施工。

8.1.4 冷再生混合料铺筑并养生结束后,其上应铺筑热沥青同步碎石封层或洒布黏层油。

8.2 冷再生混合料拌和

8.2.1 冷再生混合料应拌和均匀,无花白料、液体流淌、结块成团现象,和易性良好。

8.2.2 冷再生各种材料拌和顺序为:先将 RAP、新集料、矿粉、水泥干拌,再与水拌和,最后与乳化沥青拌和。拌和应保证冷再生混合料的裹覆均匀性。

8.2.3 冷再生混合料的生产含水率应比最佳含水率高 0.5 ~1.0 个百分点。

8.3 冷再生混合料运输

8.3.1 运料车装料时应多次挪动汽车位置,平衡装料,减少混合料离析。

8.3.2 拌和好的冷再生混合料应尽快运至施工现场并完成摊铺和压实。冷再生混合料应在乳化沥青破乳前和水泥初凝前运抵施工现场并完成摊铺。

8.3.3 冷再生混合料不宜采用较大吨位的运料车运输，料车不宜超载运输，施工中摊铺机前方应有运料车等候，避免出现摊铺机长时间等待料车的情况。

8.3.4 运料车每次使用前、后应清扫干净，可在车厢板上喷涂隔离剂防止冷再生混合料黏结。隔离剂禁止使用柴油等有机溶剂。运料车宜用苫布覆盖，防止运输过程中材料水分蒸发或遭雨淋。

8.4 冷再生混合料摊铺

8.4.1 冷再生混合料的摊铺采用热拌沥青混合料用履带式摊铺机。

8.4.2 冷再生混合料摊铺速度宜为 2m/min ~ 4m/min。当发现摊铺后的混合料出现明显离析、波浪、裂缝、拖痕时应分析原因，采取措施予以消除。

8.4.3 对下基层不重铺或下基层重铺但平整度不满足要求的路段，冷再生混合料摊铺找平采用挂线方式。对下基层重铺且平整度满足要求的路段，冷再生混合料摊铺采用接触跨越式平衡梁或滑靴式作为平整度控制方法。

8.4.4 冷再生混合料从生产拌和至摊铺完成的时间不宜超过 2h。

8.5 冷再生混合料碾压

8.5.1 冷再生混合料的单层压实厚度不宜大于 200mm，且不小于 80mm。单层压实厚度确需大于 200mm 时，应经试验路检验。

8.5.2 应配备足够数量、吨位的双钢轮压路机、单钢轮压路机、轮胎压路机。双钢轮压路机要求吨位 11t 以上；单钢轮压路机要求吨位 20t 以上，激振力 30t 以上，激振频率 18Hz 以上；轮胎压路机要求吨位 30t 以上，单轮配重 3t 以上。

8.5.3 冷再生混合料施工尽量缩短从拌和到完成碾压之间的延迟时间。碾压过程分为初压、复压和终压。

8.5.4 碾压顺序由低向高、由路肩向路中心碾压时，应重叠 1/3 ~ 1/2 轮宽，后轮应超过两段的接缝处，后轮压完路面全宽时，即为 1 遍。

8.5.5 冷再生推荐的碾压方案为：初压采用双钢轮振动压路机碾压 1 遍 ~ 2 遍，冷再生层表面应始终保持湿润，如水分蒸发太快，应及时补充洒水。初压速度宜为 1.5km/h ~ 3km/h；复压采用单钢轮和轮胎压路机，应以慢而均匀的速度碾压，复压速度宜为 2km/h ~ 4km/h；终压采用双钢轮压路机碾压1 遍 ~ 2 遍，可以采用静压模式，以消除轮迹同时获得一定的压实度，终压速度宜为 2km/h ~ 4km/h。若复压后没有轮迹或满足压实度要求，无须终压。

8.5.6 碾压过程中，如有"弹簧"、松散、起皮等现象，应及时翻开重新拌和(加适量的水泥)或用其他方法处理，使其达到质量要求。

8.5.7 压路机碾压时可喷少量的水雾，以防止压路机轮黏结再生混合料。碾压时不得随意紧急制动、掉头。

8.5.8 冷再生混合料在碾压后至少 2h 内不允许任何车辆通行，以保证足够的养生，避免车辆行驶造成再生层表面松散。

8.5.9 每台压路机均应以慢而均匀的速度碾压，碾压遍数宜符合表 8 的规定。

表 8 压路机碾压遍数(遍)

压路机类型	初压		复压		终压	
	适宜	最大	适宜	最大	适宜	最大
双钢轮压路机	1 ~ 2 (静压、振动)	3(静压、振动)			1 ~ 2(静压)	3(静压)

表8 压路机碾压遍数(遍)(续)

压路机类型	初压		复压		终压	
	适宜	最大	适宜	最大	适宜	最大
单钢轮压路机			2~4(振动)	5(振动)		
轮胎压路机			4~5(静压)	8(静压)		

8.5.10 压路机碾压过程中,不得在当天铺筑的路面上长时间(超过30min)停留或过夜。

8.6 接缝处理

8.6.1 纵向接缝:道路宽度大于7.5m,不应半幅施工,应考虑全幅施工,以减少重叠量、提高施工效率。相邻两个再生幅面应具有一定的搭接宽度,搭接宽度不应小于10cm。

8.6.2 横向接缝:应减少停机现象。在接缝处利用压路机横向由老路面向新铺路逐步往返碾压,横缝碾压结束后再进行纵向碾压。

8.6.3 施工中冷再生层与旧路半刚性基层、旧路沥青面层的纵向拼接应符合附录D的要求。

8.7 养生及开放交通

8.7.1 冷再生层应进行自然养生,养生时间不少于3d,养生期内应封闭交通。养生结束的条件为:再生层可以取出完整芯样。

8.7.2 若冷再生摊铺后24h内下雨,应将养生路段覆盖严密,并做好路肩排水工作。

9 施工质量管理和检查验收

9.1 施工前的质量管理和检查验收

在工程施工开工前应对材料的质量进行检查,检查的项目和频率应满足表9的要求,并确认所有材料的技术指标满足相关技术要求。

表9 施工前材料的检查项目与频率

材料	检查项目	检查频率
RAP	级配、含水率	每天测1次~2次
乳化沥青	残留物含量及性能试验	每批测1次
水泥	初凝时间、终凝时间	每200t测1次
集料	级配、含水率、软弱颗粒含量	每2000t测1次
矿粉	级配	每200t测1次
水	无杂质	必要时,每批测1次

9.2 施工过程中的质量管理和检查验收

施工过程中的质量管理和检查验收应满足表10的要求。

表10　施工过程中的质量控制检查项目、频度和要求

检查项目		技术要求	检查频率	检验方法
湿密度压实度(%)		≥100	每车道公里不少于5次	灌砂法(基于室内湿标准密度)
乳化沥青冷再生取芯试验		空隙率≤12%且压实度≥98%	每200m测1点	表干法 真空法(基于最大理论密度)
干湿劈裂强度比(%)		根据所处层位及交通量要求确定	每工作日测1次	T 0716
冻融劈裂强度比(TSR)(%)			每3个工作日测1次	T 0729
动稳定度(次/mm)			改变配合比时	T 0719
低温弯曲试验(-10℃)			需要时	—
平整度最大间隙(mm)		根据所处层位及交通量要求确定	随时,接缝处单杆测量	T 0931
纵断面高程(mm)		±10	检查每个断面	T 0911
厚度(mm)	均值	-8	随时	T 0912
	单个值	-10	随时	
宽度(mm)		不小于设计宽度	检查每个断面	T 0911
横坡度(%)		±0.3	检查每个断面	T 0911
外观		平整密实	随时	目测
乳化沥青用量(%)		±0.3	每工作日测1次	总量控制法
混合料含水率(%)		±1.0	每工作日测1次	烘干法
水泥用量(%)		±0.2	每工作日测1次	滴定法
矿粉用量(%)		±0.2	每工作日测1次	总量控制法
混合料级配(mm)		通过率或偏差(%)	每工作日测1次	干筛,皮带取样
31.5		100		
26.5		80~100		
13.2		±6		
4.75		±4		
0.075		±2		

9.3 完工后的质量管理和检查验收

完工后,以 1km ~ 3km 作为一个评定路段,按照表 11 的要求进行质量检查验收。

表 11 外形尺寸检查项目、频度和要求

检查项目		技术要求	检查频率	检验方法
平整度最大间隙(mm)	下面层	按 JTG F80/1 执行		
	基层	≤8	3m 直尺:每 200m 测 2 处 ×5 尺	T 0931
	底基层	≤12		
纵断面高程(mm)		±10	每公里测 5 个点	T 0911
厚度(mm)	代表值	-8	每 200m 测 2 点	T 0912
	合格值	-10		
宽度(mm)		不小于设计宽度,边缘整齐、顺适	尺量:每 200m 测 4 个断面	T 0911
横坡(%)		±0.3	尺量:每 200m 测 2 个断面	T 0911
外观		表面平整、密实,无明显压路机轮迹	随时	目测
注:当再生层用作三级及三级以下公路结构层时,纵断面高程控制要求可适当放宽。				

附 录 A
(资料性附录)
乳化沥青厂拌冷再生基层沥青路面结构设计

A.1 原路面调查与分析

A.1.1 路段基础数据的收集

A.1.1.1 收集待再生路段属性基础数据,包括设计标准、原路面结构、几何线性等。

A.1.1.2 收集待再生路段养护管理数据,包括养护历史、近5年的路况检测数据等。

A.1.1.3 收集待再生路段交通状况信息,包括历年交通量、车辆组成、轴载谱情况等,交通荷载等级按照表A.1评定。

表 A.1 高速公路交通荷载等级

设计交通荷载等级	极重	特重	重	中等	轻
设计使用年限内设计车道累计大型客车或货车交通量($\times 10^6$ 辆)	≥50.0	19.0~50.0	8.0~19.0	4.0~8.0	<4.0

A.1.1.4 收集待再生路段的建设条件数据,包括气候条件、地形地貌、水文地质条件等。

A.1.1.5 收集待再生路段相关价格参数,包括工程材料单价、人工费、机械设备条件等。

A.1.2 原路面技术状况检查和检测

A.1.2.1 路面损坏,包括各种路面损坏的位置、形态、严重程度等,宜通过人工方式进行调查。

A.1.2.2 路面内部结构状况,包括结构损坏类型、病害层位、病害严重程度、层间黏结状况、结构层材料性能指标等,可通过探坑开挖、钻芯取样等方式进行检查。

A.1.2.3 路面各结构层厚度及结构层内部破损检测,通过3D雷达或挖探进行检测和分析。3D雷达可以检测路面基层的破损状况,指导再生路段划分。

A.1.2.4 原路面结构参数,包括路基顶面当量回弹模量、基层顶面当量回弹模量、路表当量回弹模量等。可通过承载板试验、动力贯入锥触探、FWD弯沉盆反算等方法检测。

A.1.2.5 路基路面排水状况,包括路表排水设施状况、结构内部排水状况、地下排水状况等,可通过人工调查、渗水仪检测等方法检查。

A.1.2.6 原路面宏观技术指标,包括PCI、PSSI、RQI、SRI、RDI等。

A.2 结构层设计

A.2.1 含乳化沥青冷再生混合料的路面结构由沥青面层(磨耗层)、冷再生层、半刚性基层或剩余路面结构层(包括原有路面的部分基层、底基层、垫层和路基等)等多层结构组成。再生层应具有足够的强度和稳定性,主要起承重和抗疲劳的作用。当再生层作基层或下面层时,沥青面层与沥青冷再生层之间应设置封层或黏层。

A.2.2 冷再生层的下承层应当具有良好的承载能力,当下承层不满足设计承载力要求时,应进行补强处理。

A.3 结构设计方法及推荐结构形式

A.3.1 冷再生路面结构组合设计的初拟建议,按表A.2进行确定。

表 A.2 冷再生路面结构组合设计

交通等级	冷再生层之上沥青面层		厂拌冷再生层厚度(cm)	下承层强度 E_0(MPa)
	推荐厚度(cm)	最小厚度(cm)		
特重交通及特重交通以上	15~22	12	10~20	≥250
重交通	12~18	10	8~20	≥200
中等交通	6~12	5	8~20	≥150
轻交通	≥3 或者采用微表处、稀浆封层、超薄罩面、碎石封层等磨耗层		8~20	≥100

A.3.2 冷再生混合料设计参数值要求如下:

a) 沥青路面结构设计中,冷再生层混合料的设计参数应采用工程使用材料的实测参数;

b) 在尚无试验数据情况下,可参照表 A.3 的规定确定设计参数。

表 A.3 冷再生路面结构设计参数

混合料类型	结构设计参数		
	动态回弹模量(20℃,10Hz)(MPa)	15℃劈裂强度(MPa)	泊松比
普通乳化沥青冷再生混合料	3000~6000	0.50	0.3
改性乳化沥青冷再生混合料	3500~6500	0.55	

附 录 B
(资料性附录)
乳化沥青厂拌冷再生混合料的干湿劈裂强度试验方法

B.1 一般规定

B.1.1 标准的间接抗拉强度(ITS)试验需要测试试件在干燥和浸水两种条件下的ITS值,通过测量试件的最大破坏荷载以确定ITS值。

B.1.2 除本附录规定的试验方法外,其余试验应按照JTG E20中T 0716的方法进行。

B.2 试验方法

B.2.1 应将养生好的试件在常温(25℃左右)下放置不少于6h、不多于48h,适当去除试件表面的松散颗粒后,再量测每个试件的高度及质量。

B.2.2 在测试干试件的劈裂强度之前,应将试件置于恒温15℃水浴中2h。

B.2.3 在测试湿试件的劈裂强度之前,应将试件置于恒温25℃水浴中浸水22h,再将试件置于恒温15℃水浴中2h。

B.2.4 干试件劈裂与湿试件劈裂应在同一时间进行。

B.2.5 按式(B.1)计算干湿劈裂强度比(ITSR):

$$ITSR = \frac{ITS_{wet}}{ITS_{dry}} \times 100\% \qquad (B.1)$$

式中:ITSR——干湿劈裂强度比;

ITS_{wet}——湿试件的间接抗拉强度值;

ITS_{dry}——干试件的间接抗拉强度值。

附　录　C
(资料性附录)
乳化沥青厂拌冷再生混合料的旋转压实设计方法

C.1　一般规定

C.1.1　本方法适用于乳化沥青厂拌冷再生混合料的配合比设计。

C.1.2　冷再生混合料配合比设计时 RAP 应从处理后的回收料料堆取样。

C.1.3　冷再生混合料应采用 ϕ150mm 的试模成型试件,采用固定混合料质量的装料方式。

C.1.4　旋转压实设备应具备防水和抗腐蚀性能。

C.1.5　旋转压实设备应满足如下条件:压力 600kPa ± 18kPa,压实内旋角 1.16° ± 0.02°,压实速率 30r/min ± 0.5r/min。

C.1.6　在室温条件下人工配制冷再生沥青混合料,不需加热各材料。

C.2　冷再生混合料的压实成型

C.2.1　冷再生混合料作重交通及重交通以上交通等级道路下面层、特重及特重以上交通等级基层时,设计旋转次数为 70 次;其他情况下,设计旋转次数为 50 次。试件不需要翻面复压。

C.2.2　试模及套筒应保持室温,不应加热。

C.2.3　压实成型后,应尽快脱模以便检测试件成型质量并进行其他项目的测试。通常情况下混合料压实完成后立即脱模。

C.2.4　试验室成型的一组试件的数量不得少于 3 个。

C.3　矿料级配设计

C.3.1　测得 RAP、新集料等各组成材料的级配。

C.3.2　以 RAP 为基础,掺加不同比例的新集料、矿粉使合成级配满足工程设计级配的要求。冷再生混合料的集料由 RAP、新集料、矿粉组成。

C.3.3　合成级配曲线应平顺。

C.4　最佳液体含量 OLC

C.4.1　采用旋转压实试验方法成型试件,根据试件最大干密度原则,确定最佳含水率。

C.4.2　初定乳化沥青用量为相对于冷再生混合料集料质量的 3.5%,水泥用量为相对于冷再生混合料集料质量的 1.5%,以 5 个变化的水量拌和混合料,每个水量的间隔宜为 0.5%,干燥的 RAP 和新集料提前在 40℃烘箱中加温 3h ± 1h,拌和方法如下:

a)　向拌和机内加入足够的 RAP、新集料、水泥、矿粉,拌和均匀,拌和时间一般为 1min;

b)　按照计算得到的加水量加水,拌和均匀,拌和时间一般为 1min;

c)　按照计算的乳化沥青量加入乳化沥青,拌和均匀,拌和时间一般为 1.5min。

C.4.3　称取 2000g 以上拌和均匀的混合料,平铺入盘中,置于 80℃烘箱中烘干至恒重,按照 JTG E20 的 T 0711 真空法实测各组再生混合料的最大理论相对密度 γ_t。

C.4.4　拌和均匀的混合料需要在容器内密封并在 40℃烘箱中放置 60min ± 10min,称取放置好的混合料 4000g,将混合料均匀装入试模,按规定压实次数压实,试件成型后立即脱模,平放入水平板或托盘中,过程中不应掉料,试件在 60℃的鼓风烘箱中养生至恒重,养生时间为 48h ± 1h。

C.4.5　以每个含水率成型 3 个试件,每个试件成型时间不超过 4min,每组成型时间不超过 15min。

C.4.6 分别按照 JTG E20 的 T 0705 表干法测定混合料毛体积相对密度和按照 T 0716 测定 15℃劈裂强度，根据试件最大干密度原则，确定混合料的最佳液体含量 OLC。

C.5 乳化沥青冷再生混合料工作时间

C.5.1 根据初定乳化沥青用量、水泥用量及确定的最佳液体含量 OLC 进行混合料拌和，拌和后的混合料在容器内密封并放置于 40℃烘箱中，分别保温 1h、1.5h、2h、2.5h、3h，保温结束后观察每组混合料的状态，并称取混合料 4000g，按规定压实次数成型试件，每个保温组成型至少 3 个试件，过程中不应掉料，脱模后的试件在 60℃的鼓风烘箱中养生至恒重，养生时间为 48h ± 1h。

C.5.2 每个试件按表干法测定混合料毛体积相对密度 γ_f，并将各组试件进行 15℃劈裂试验，试验方法详见附录 B。

C.5.3 在每组试件性能满足表 6 要求的前提下，以 1h 保温组数据为基准，若 1.5h 组试件指标较 1h 组空隙率增加大于或等于 1% 或 15℃劈裂强度降低幅度大于或等于 0.05MPa，则认定为乳化沥青工作时间为 1h；若 3h 组试件指标较 1h 组试件空隙率增加大于或等于 1% 或 15℃劈裂强度降低大于或等于 0.05MPa，而 2.5h 组试件指标空隙率增加小于 1% 且 15℃劈裂强度降低小于 0.05MPa，则认定为乳化沥青工作时间为 2.5h。

C.6 确定最佳乳化沥青用量 OEC、确定最佳含水率 OWC

C.6.1 以预估的沥青用量为中值，按照 0.5% 的间隔变化形成 5 个乳化沥青用量，保持最佳液体含量 OLC 不变，按照 C.4.2 的方法拌和混合料。

C.6.2 按照 C.4.3 的方法实测最大理论相对密度 γ_t。

C.6.3 按照 C.4.4 的方法成型旋转压实试件，试件成型脱模后，用湿毛巾擦去表面浮浆，测量试件的高度并称取试件的湿重量，用体积法计算试件的湿密度，而后试件按照 C.4.4 的方法进行养生。

C.6.4 按照 JTG E20 中的表干法测定试件的毛体积相对密度 γ_f。

C.6.5 将各组试件进行干湿劈裂强度试验。

C.6.6 根据干湿劈裂强度试验结果，结合工程经验以及经济性分析，综合确定最佳乳化沥青用量 OEC。

C.6.7 在最佳乳化沥青用量 OEC 条件下成型的混合料试件空隙率应满足表 6 的要求。

C.6.8 测定在最佳 OEC 条件下混合料的最佳含水率 OWC。

C.6.9 以在最佳 OEC 条件下混合料的劈裂强度作为冷再生混合料的设计劈裂强度。

C.7 混合料性能试验

C.7.1 冻融劈裂试验。不减少试件成型的压实次数或击实次数，每次制作至少 6 个试件，试件应在养生结束、常温放置 6h 以上再进行冻融劈裂试验，冻融组试件的饱和度应在 55% ~80% 范围内。

C.7.2 动稳定度试验。试件装料按照 C.6.3 的湿密度计算，宜采用分层装料方法，每次装料后用小型击实锤夯实，最终的碾压次数以试件压至规定的高度为准，按照 JTG E20 中 T 0703 成型 80mm ~ 100mm 厚的冷再生混合料车辙板试件，试件应带模养生，养生结束常温应放置 48h，养生结束后的试件放入车辙仪进行动稳定度试验。

附 录 D

(资料性附录)

冷再生层与旧路半刚性基层、旧路沥青面层的纵向接缝处理办法

D.1 一般规定

D.1.1 冷再生层与旧路半刚性基层、旧路沥青面层纵向接缝处理时,冷再生层应与旧路半刚性基层、旧路沥青面层黏结为一个整体。

D.1.2 冷再生层与旧路半刚性基层纵向拼接、冷再生层与旧路沥青面层纵向拼接时,应浇洒不同的接缝界面黏结剂。

D.1.3 接缝处理后的效果验收以在接缝处取出完整芯样为准。

D.2 实施方法

D.2.1 摊铺冷再生混合料前,旧路与冷再生层的接触面应清扫除尘,界面处不得有浮尘和软弱颗粒(图 D.1)。在接触面上喷涂热沥青或乳化沥青,不应有集料外露。

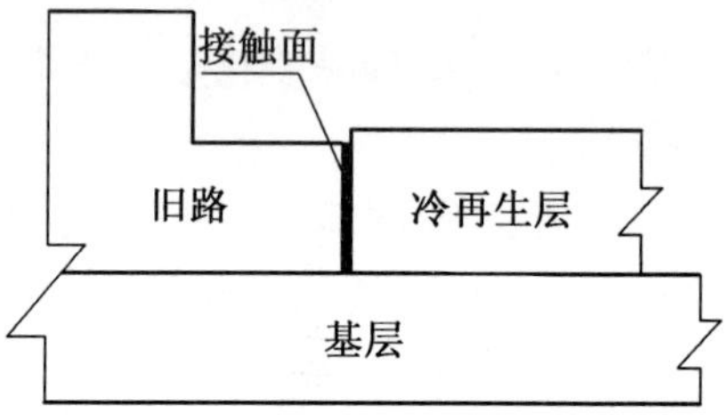

图 D.1 冷再生与旧路拼接

D.2.2 冷再生混合料完成摊铺后,用双钢轮压路机及单钢轮压路机碾压时,距离接触面 10cm 范围内的冷再生混合料不予压实(图 D.2)。待双钢轮压路机碾压完成且单钢轮压路机碾压 1 遍后,在 10cm 未压实区域顶部灌注接缝界面黏结剂,接缝界面黏结剂应灌入至冷再生层底部并浸润接触面(图 D.3)。

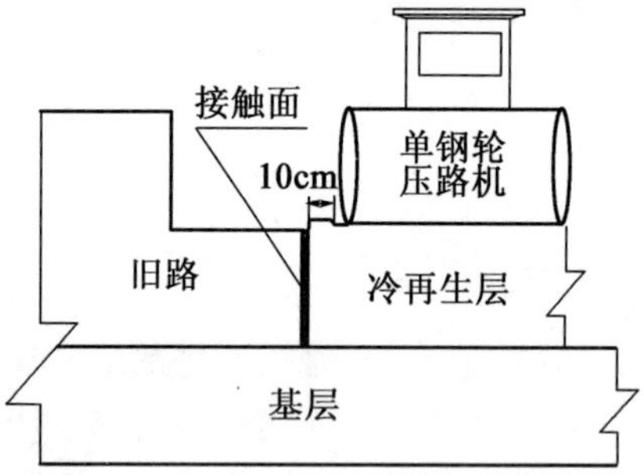

图 D.2 预留 10cm 未压实区域

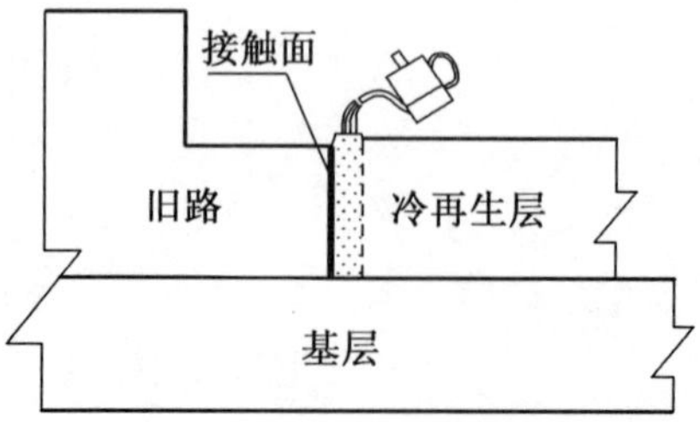

图 D.3 向预留 10cm 未压实区域灌注界面黏结剂

D.2.3 接缝界面黏结剂灌注完成后,采用单钢轮压路机沿接缝碾压1遍~2遍,碾压应前静后振,轮胎压路机碾压工序不改变(图D.4)。

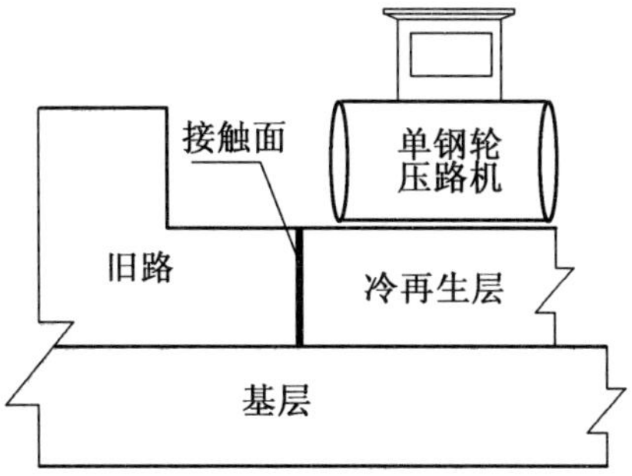

图D.4 碾压完成